この3つの相が
あなたの英語の悩みを
解消します！

1　2　3

どうして英語が話せるようになれないんだろう……。

多くの日本人が抱えている悩みです。
日本語で考えていることが
うまく英語に訳せなくて
もどかしい思いをしている人は
たくさんいます。

- 海外転勤が決まった
- 社内公用語が英語になった
- 海外のクライアントができた
- 海外出張が決まった
- 海外で買い物を楽しみたい
- 外国人に英語で道案内したい
- 外国人の友だちができた　など

英語が必要になるときは
突然やってきます。

もしかしたら、
ネイティブに一目ぼれして
英語でアプローチしなきゃ
なんていうハプニングも
起こるかもしれません。

では、どうしたら
英語が話せるようになるのか？

それには
**英語と日本語の本質の違いを
理解すること**が近道です。

英語はなんでも
はっきりさせたい言葉。

日本語では
「誰が」「何を」「どうするか」
をはっきり言わなくても
なんとなく伝わりますが、
英語では認められません。

何をしたいのか
どうしたいのか
どうしてなのか
はっきりさせたいのが
英語なんです。

そうなんだ!!

英語にうまく変換できる装置でもあればいいのに……って思いますよね。

それが、実は……

あるんです！

それが、

この**3**つの箱!!

1つ目の箱は「誰が」の箱。

1

言いたいことの主役は
「**誰なのか**」はっきりさせて
箱の中に入れましょう。

2つ目の箱は「どうする」の箱。

2

1つ目の箱に入れた主役が
どうするのか、どうしたのか
はっきりさせて箱に入れます。

3つ目の箱は「何を」の箱。

さらに1と2の箱に入らなかった
情報がすべて入ります。

言いたいことを
3つの箱に入れて整理したら
そのまま英語に訳せばOKです！

ひととおり英文法はやっていて、
英単語も知ってはいるけれど、
頭の中でぐちゃぐちゃだから、
英語が使えない、という
日本人にぴったりの方法です。

3つの箱の使い方がわかると、
うろ覚えだった英語が
すっきり整理できます。

使い方がわかったら、今度は、
自分でどんどん使ってみましょう。
毎日5分でもいいから、
3つの箱を使って、
日本語を英語に訳す練習を
してみましょう。

1カ月ほどすると
3つの箱の考え方が定着し
使うのが習慣となるので、
英語がぐんとラクに
話せるようになりますよ!

この本では、
英語がなかなか話せるように
ならない豆しばくんが

ダックス先生の英語塾の扉をたたき、
マンツーマンで
レッスンしてもらいながら

誰でも日本語をカンタンに
英語に変換できる装置
3つの箱の使い方をマスターし、

英語が話せるようになるまでの
ストーリーをご紹介します。

さあ、あなたも

3つの箱の
使い方をマスターして
言いたいことを
**英語で話せるように
なりましょう！**

Contents

Chapter1　3つの箱の使い方
- 3つの箱でラクに英語に訳せる ……………………… 016
- 英語はなんでもはっきりさせる言葉 ………………… 019
  - 例題1 これ下さい ………………………………… 024
  - 例題2 明日は毎週行っている〜 ………………… 026
- 質問の組み立て方 ……………………………………… 030
- 質問事項は最初に ……………………………………… 034
  - 例題1 誰と話してたの？ ………………………… 039
  - 例題2 これ、どうやって食べるの？ …………… 041

Chapter2　1の箱に入れるもの
- 主役は誰か？ …………………………………………… 046
- 〝あなた〟も〝私〟も省略不可 ……………………… 050
- 主役不在の落とし穴 …………………………………… 054
- 責任のありか …………………………………………… 058
- とりあえずの〝it〟 …………………………………… 063
- 代理の〝it〟 …………………………………………… 067
- 〝there〟は誰のものでもない ……………………… 072

Chapter3　2の箱に入れるもの

- 何する？どうする？ ……………………………… 078
- 今か昔かはっきりさせる ………………………… 082
- 絶対に変わらない事実 …………………………… 086
- 今も続いていること ……………………………… 089
- 確実に起こる未来 ………………………………… 093
- 前から決めていること …………………………… 097
- 話の向かう先 ……………………………………… 101
- 起こりうる可能性 ………………………………… 104
- 強制に効くスパイス ……………………………… 107

Chapter4　3の箱に入れるもの

- 3の箱にさらに入る3つの箱 …………………… 112
- それが何かはっきりと …………………………… 117
- 言いたいことがたくさんある …………………… 121
- 理由をはっきり説明する ………………………… 125
- いろいろ詳しく説明する ………………………… 130
- 言葉を使い分けて説明する ……………………… 134
- 英語は最初に結論ありき ………………………… 137

登場キャラクターの紹介

豆しばくん
とある企業に勤める会社員。英語が大の苦手。
突然、会社の方針で、社内公用語が英語になり、
英語ネイティブの社員が急増して、大わらわ。
一目ぼれして必死にアプローチして付き合い
始めた彼女は、なんと英語しかしゃべれない。
仕事のコミュニケーションはもちろん、
プライベートでも、できない英語で奮闘中。

ダックス先生
豆しばくんの英語の先生。
豆しばくんの失敗にツッコミをいれ、
何が失敗だったのか、
どうすればよかったのか、
いつもとても丁寧に
わかりやすく解説してくれる。

チワワちゃん
豆しばくんが一目ぼれして
付き合い始めた彼女。
英語ネイティブで
日本語は話せない。

友だち
豆しばくんの
会社の同僚。
英語ネイティブで
日本語は話せない。

Chapter 1
3つの箱
の使い方

この3つの箱を使えば、
日本語が英語に
スムーズに訳せるようになります。
基本の使い方をご紹介します。

1 + 2 + 3

→ 3つの箱で
　ラクに英語に訳せる

🐶「なかなか英語が話せるようにならないそうだね」

🐱「英会話の本は読んでるし、英語のラジオとかテレビも見るようにしてるけど**なかなか英語が話せるようにならない**。もう挫折しそう」

🐶「どこが難しい?」

🐱「どこがって、**あいさつくらいはできるけど、そこから言葉が出てこない**」

🐶「言いたいことは日本語で頭に浮かんでいるのに?」

🐱「そう。**頭には浮かんでいるのに、英語に訳そうとするとフリーズ**。やっぱり英語を話すときは、英語で考えられるようにならないといけないのかな」

🐶「そうなるのが理想だけど、生まれてからずっと日本語で考えて、日本語を話してきたんだから、簡単にはいかないよ」

「じゃあ、やっぱり無理なの?」

「いや、**日本語を英語にそのまま訳せるように英語のルールに合せて変えてしまえばいい**んだよ。それなら口に出す直前まで日本語で考えられるだろ」

「そんなことできるの?」

「それができるんだよ。言葉の使い方のルールはもちろん、習慣や考え方も違うから、**日本語の文章をそのまま英語の文章に訳すことはできない**のは仕方ない」

「だから英語が話せないんだよね」

「でも、**君が言いたいことは、日本語で考えていても英語で考えていても同じ**なはず。だとすると、共通点があるはずだよね」

「言いたいことが同じだというのはわかるのだけど、共通点ね……」

「それが、これから教える **"3つの箱"**。この箱に入る要素は、日本語も英語も同じ。だから、ふだん使っている**日本語の文章をバラバラにして3つの箱に放り込むと、そのまま英語に訳せる日本語になる**んだ」

🐕「3つの箱って?」

🎩🐩「**1の箱に入れるのは"誰が"を表す言葉、2の箱に入れるのは"どうする"を表す言葉、残りはすべて3の箱に入れる**」

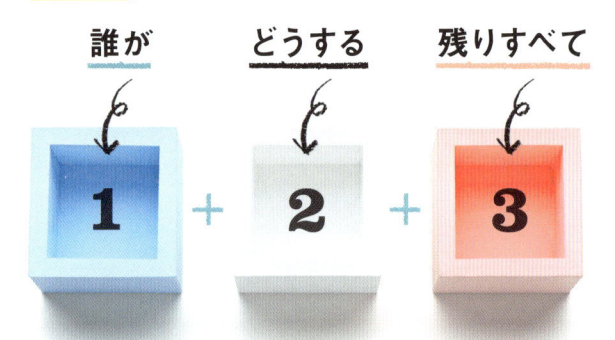

誰が　　どうする　　残りすべて

1 ＋ 2 ＋ 3

🐕「それら3つの箱に、言いたい日本語をバラバラにして放り込むと、英語に訳せる日本語になってるの?」

🎩🐩「そういうこと。そのまま英語にすると、相手に伝わる英語になってるよ」

🐕「へえ、なんだかマジックの種明かしを教えてもらった気分。日本語で考えていいなら、僕にもできそうだけど……。本当?」

→ 英語はなんでも はっきりさせる言葉

🐶「本当にできるかどうか半信半疑でしょう？　では、頭に浮かんだけど英語で話せなかった日本語をひとつ思い出してみて」

🐱「"**手伝って**"かな。忙しかったとき目の前にいた友だちに手を借りたいと思ったんだけど、英語でうまく言えなかったんだ」

🐶「"手伝って"か。よく使う日本語だよね。では3つの箱に入れて整理してみようか」

🐱「"手伝って"という言葉しかないけど……整理してと言われても困ってしまうな」

🐶「手伝ってほしいのは誰？」

🐱「僕だけど」

🐶「じゃあ、1の箱に入るのは"僕"だね」

僕

1

🐺「**2**の箱は"どうする"だけど、"手伝う"のは僕じゃないから**2**の箱に"手伝う"は入らないよね。**3**の箱に入るのかな」

🐕「じゃあ、"手伝って"とは具体的にどういうこと?」

🐺「"あなたの助けがほしい"ということかな」

🐕「これで**2**と**3**に分かれるよね」

🐺「"あなたの助けが"と"ほしい"。**2**に入るのは"ほしい"で、**3**が"あなたの助けが"」

ほしい　**あなたの助けが**

2 + **3**

🐕「そうだね。**3**つの箱を並べてみて」

🐶「僕は、ほしい、あなたの助けが」

僕は ＋ **ほしい** ＋ **あなたの助けが**

🐶「これで、英語に訳せる日本語になったから、そのまま英語に訳そう」

🐶「I need your help.」

🐶「話せる英語ができたでしょ」

🐶「"手伝って"が"僕は、ほしい、あなたの助けが"になった。こうやって英語に訳していけばいいんだね」

🐶「そう。**3つの箱を使うとそのまま英語に訳せる日本語のできあがり**。気をつけるのは、**日本語では省略して話すところも箱に入れる**ってことだね。とくに日本語だと1の箱に入れる"誰が"は省きがちだから注意が必要だね」

ダックス先生のまとめ

言いたいことがあったら、まず、**日本語を1、2、3の3つの箱に整理して放り込みましょう**。そうすると、いつもの日本語がそのまま英語に訳せる日本語に変わります。

1の箱（誰が）
1の箱には「誰が」を表す言葉を入れます。私が、あなたが、彼が、彼女が、私たちが、彼らがなど、言いたいことのほとんどに必ず「誰が」があります。日本語の文章にない場合は、何が「誰が」なのか探し出して入れましょう。

2の箱（どうする）
2の箱には「どうする」を表す言葉を入れます。話す、聞く、開ける、叩く、座る、歩くなど、「どうする」「どうした」という行動や状態を表す言葉です。あなたが言いたいことのほとんどにある言葉なので、入れやすいでしょう。

3の箱（1と2以外の残りすべて）

3の箱には、**1と2の箱に入らなかった言葉をすべて入れます**。多くの場合、「何を」「何が」「誰を」「どこに」など、「誰が」「どうする」に情報を追加することがあります。そういった情報がすべて3の箱に入ります。**言いたいことがどんなに長くても、1と2を取り出したら残りはすべて3の箱に放り込みます**。ときに、言いたいことが「誰が」と「どうする」だけで終わることがあるのですが、その際は、3は空き箱にしておきます。

残りすべて

このように、日本語の文章をバラバラにして、1、2、3の3つの箱に入れて整理したら、あとは英語に変換するだけ。
3つの箱を使うと、日本語が英語の構造に合わせた形で整理できるので、あれこれ悩まずに英語に訳せるようになります。

この便利な3つの箱の使い方を、ぜひマスターしてくださいね。

例題 1 これ下さい

🐶「他に英語にできなかった日本語は、何かあるかな？」

🐺「"これ下さい"。海外で買い物するとき、Please.か、This.とかThat.とかでいつもすませてしまっているから、ちゃんと"それ下さい"って言ってみたいんだ」

🐶「きっと買い物がずっと楽しくなるよ。それでは、**1**の箱には何が入るかな？」

🐺「えーと、"これ下さい"っていうことは、"僕はこれがほしい"って相手に伝えることだよね」

🐶「そうだね。この場合、日本語の"下さい"は"ほしい"という意味で使っているね」

🐺「"これ下さい"つまり"僕はこれがほしい"んだから、**1**の箱に入るのは、日本語にはないけど"僕"でいいのかな」

僕
↓
1

🐶「正解。日本語の会話ならわかってくれるかもしれないけど、英語ではわかってくれないから、**「僕」を言うのを忘れないよう**に気をつけようね。それでは2の箱に入るのは？」

🐺「これがほしい？」

🐶「入れ過ぎ。2の箱に入れるのは〝どうする〟を表す言葉だけ」

🐺「〝ほしい〟だけでいいの？　そうすると残りの〝これが〟は3の箱になるけど」

ほしい　　これが

2 + 3

🐶「それでいいんだよ。さあ1、2、3の順に並べてみて」

🐺「僕は、ほしい、これが」

僕は + ほしい + これが

🐶「あとは英語に訳すだけ」

🐺「I want this.」

例題 2 # 明日は毎週行っているテニススクールがあるから行けません

🐩「3つの箱は、長い文章を考えるときに、とくに便利なんだよ。ちょっと長い言葉を考えてみて」

🐺「そういえば、この間、夕食に誘われたときに、"明日は毎週行っているテニススクールがあるから行けないんだ"と言えなくて、断れなくなったんだよね」

🐩「じゃあ、**1**の箱から考えてみようか」

🐺「テニススクールに行っているのも、断るのも僕だから"僕"でいいと思うけど、**2**の箱に入るのは……」

🐩「ここで言いたいことは?」

🐺「明日の夕食は行けませんってことだけど」

「だったら2の箱に入るのは"行けません"。ほかは、ぜんぶその理由になる。**言いたいことには必ず結論があるはずだから、それが2の箱に入る**んだよ」

「残りはぜんぶ3の箱でいいんだ」

「そういうこと。1、2、3に並べてみて」

「僕は、行けません、明日の夕食会は、毎週行っているテニススクールがあるから」

| 僕は | + | 行けません | + | 明日の夕食会は…… |

「後で詳しく説明するけど、この場合、**3の箱の中にさらに3つの箱が入る**んだ」

「本当だ! 3の箱に小さな3つの箱が入るね! 僕、行っている、テニススクールと毎週に分けられる」

「その部分を英語に訳すと、I take a tennis lesson every week。**これは理由だとはっきり示すために、頭にbecauseをつけて、1と2の箱の英語と合わせる**んだ」

「I can't go to the dinner tomorrow because I take a tennis lesson every week.」

「OK! これで伝わるよ」

ダックス先生のまとめ

日本語の短い文章も長い文章も 1、2、3 の 3 つの箱に分類して放り込むと、そのまますぐに英語に訳せるようになります。

1、2、3 それぞれの箱に何を入れるのか、理解できましたか？

==ポイントの1つは「誰が」をはっきりさせること==。英語では、この「誰が」はコミュニケーションのキモとなるので、基本的に、省略しません。日本語の会話では、「誰が」という部分を省略して話すことが多いですよね。相手が察してくれるところもあるし、そもそも我を出さない、自己主張しないのが日本の文化でもあるからなのでしょう。でも==英語では「誰が」は省略しないではっきりアピールします==。

ポイントの2つ目は、「誰が」「どうする」のかを最初に言ってしまうこと。
日本語では、なかなか結論が出てこなかったり、最後まで聞いても結論がわからないことがありますが、英語の場合は、**とにかく最初に結論がきます。**
1と**2**の箱に入れる「誰が」と「どうする」がすごく大切なので、長い文章でも短い文章でも、先頭部分に来るようになっています。

これらのことを意識すると、シンプルに自分の言いたいことが言えるようになり、英語の長い文章もラクに読めるようになりますよ。

→ 質問の組み立て方

🐺「英語で質問するときも3つの箱って使えるの?」

🐶「もちろん使えるよ。英語にするときにちょっとひと手間必要だけど、基本は同じ」

🐺「じゃあ"ミルクありますか?"って英語で言いたかったんだけど、どう言えばよかったのか教えてほしいな。店員さんに聞けなくて、カフェで苦手なブラックコーヒーを我慢して飲んだんだよね」

🐶「3つの箱に入れてみようか」

🐺「**1**の箱は、カフェのスタッフだけど、いま目の前にいるから、"あなた"でいいのかな?」

あなた

↓

1

🐶「うん正解。それじゃあ **2** と **3** は?」

🐺「**2** は"ある"で、**3** が"ミルク"かな?」

🐶「これは英語のちょっとしたポイントなんだけど、**2 の箱に入るのは"ある"ではない**んだ」

🐺「え? どういうこと?」

🐶「きみの言いたい内容を考えてみると、英語では、この場合、お店に"ある"というよりはむしろ、店員さんが"持っている"かどうか聞くというふうに考えるといいよね」

🐺「ということは、"持っている"が **2** の箱に入るということだね」

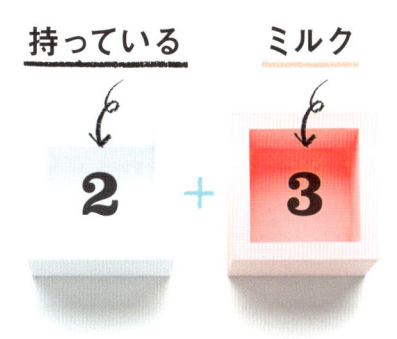

持っている　　ミルク

↓　　　　　↓

2 ＋ **3**

🎩「その通り。並べ替えると」

🐺「あなた、持っている、ミルク」

[あなた] + [持っている] + [ミルク]

🎩「英語に訳すと」

🐺「You have milk.」

🎩「このままだとはっきりと質問に聞こえないから、**これは質問ですよ、と相手にわかってもらえるように、頭にDoを付ける**んだよ」

[Do] + [あなた] + [持っている] + [ミルク]

🐺「Do you have milk?」

🎩「はい、質問のできあがり。日本語をバラバラにして1、2、3の箱に放り込んで、質問文だというマーク、Doを頭に付ければOK。簡単でしょ?」

ダックス先生のまとめ

聞きたいことが日本語で浮かんだら、3つの箱に整理して放り込みましょう。ここで確認です。聞きたいことは相手が「はい」「いいえ」で答えられるものですか？ もし答えられるときは、1、2、3の前に「do」を付けると質問になります。過去のことを聞きたいときは「do」を「did」にします。

Step1
聞きたいことを日本語で3つの箱に放り込む

あなた ＋ 持っている ＋ ミルク

Step2
先頭に「do」を付ける

Do ＋ あなた ＋ 持っている ＋ ミルク

Step3
3つの箱の中身を英語にする

→ 質問事項は最初に

🎩「"何が？"とか"どうして？"とか"誰が？"とか"いつ？"とかいった質問も、3つの箱を使うと簡単に組み立てられるよ」

🐱「え？　そうなの？　なんか難しそうだけど」

🎩「じゃあ、海外旅行で素敵なレストランに行ったとしよう。たくさんのメニューがあって、どれを選んだらいいのかよくわからないときってあるよね。"何がオススメですか？"って店員さんに聞いてみよう」

🎩「3つの箱を使うとする。1の箱には何が入るかな？」

🐱「何がオススメなのかって店員さんに聞いているから、やはり"あなた"かな」

あなた

🐶「そうだね。それじゃあ **2** と **3** はどうだろう?」

🐺「**2** が"勧める"で、**3** が"何"かな」

勧める　　何を

2 + 3

🐶「その通り。並べると」

🐺「あなた、勧める、何を」

あなた + 勧める + 何を

🐶「OK。そのまま英語にすると」

🐺「you recommend what」

035

🎩「質問だよって相手に伝えなきゃならないから?」

🐺「あっ、doを付けなきゃ。
Do you recommend what?」

🎩「"はい"と"いいえ"で答えられない質問のときは、ここで聞きたいことを先頭に持ってくる」

🐺「"what"を先頭にするってこと?」

| 何 | + | Do | + | あなた | + | 勧める |

🎩「OK。そうなるとどうなる」

🐺「**What do you recommend?**」

🎩「できたね。==質問文を考えるときは、ふつうの文章と同じように日本語の文章を分解して1、2、3の箱に投げ込んでから、聞きたいことを先頭に持ってくる==だけでいいんだよ」

ダックス先生のまとめ

「はい」と「いいえ」で答えられない質問のときも、**日本語の文章を分解して3つの箱に整理します**。そして**聞きたいことを先頭に持ってきます**。あとは順番に英語に変換していくと質問文ができあがります。

Step1
聞きたいことを日本語で1、2、3の箱に放り込む

あなた + **勧める** + **何を**

Step2
先頭に「do」または「did」を付ける

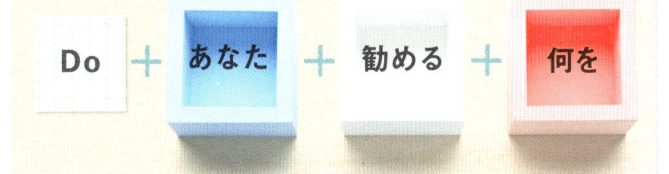

Do + **あなた** + **勧める** + **何を**

Step3
聞きたいことを先頭に持ってくる。3を聞きたいときは3、1、2。

| 何を | + do + | あなた | + 勧める |

Step4
3つの箱を英語にする。

| 何を | + do + | あなた | + 勧める |

What   **you** **recommend**

つまり、What do you recommend? となります。
3つの箱を使って整理すれば、質問文もスムーズに英語に訳せますね。

例題1　誰と話してたの？

🐶「質問したいけど英語にできなかったことは他にもあるかな？」

🐱「"誰と話してたの？"かな。この間、彼女がデート中、携帯電話に出て楽しそうに話してたんだ。相手が気になったんだけど聞けなかったんだよね」

🐶「そうか。それじゃあ、3つの箱をイメージして。1の箱に入れるものを考えるよ」

🐱「電話しているのは目の前の"あなた"」

あなた
↓
[1]

🐶「では、2と3は？」

🐱「2は"話してた"で、3は"誰と"でいいのかな」

話してた　誰と

2 + 3

🐶「そうなるね。並べてみると?」

🐺「あなた、話してた、誰と、となるね」

🐶「では、質問文に並べ替えると?」

🐺「誰と、あなた、話してた。そして"do"が"誰と"のうしろにくるんだよね」

誰と + do + あなた + 話してた

🐶「完璧。では、英語にするとき、過去のことだから"do"を"did"にするのを忘れないでね」

🐺「Who did you talk with?」

🐶「これでスッキリ質問できるね」

例題2　これ、どうやって食べるの？

🐶「もうすこしチャレンジしてみようか。他に英語で聞けなかったことを教えて」

🐱「外国のマーケットでおもしろい野菜を見つけて、"それ、どうやって食べるの?"って聞きたかったんだけど、聞けなくて、買えなかったんだよね」

🐺「そうか、残念だったね。店員さんとちゃんとやりとりできるようになりたいね。じゃあ、3つの箱を使って英語にしてみよう。では、まず1の箱」

🐱「どうやって食べるのか相手に聞きたいから、"あなた"」

🐶「そうだね。2と3は?」

🐱「2は"食べる"で、3は、1と2に入らなかった"それを"と"どうやって"が入ると考えていいのかな」

🐶「間違ってないよ。ただ、"どうやって食べる?"って、聞きたいのは料理方法だよね。だったら"どうやって料理する"って聞いたほうがいいね」

🐱「じゃあ、2の箱には"料理する"」

041

🎩「並べてみると」

🐺「あなたは、料理する、それを、どうやって」

| あなたは | + | 料理する | + | それを、どうやって |

🎩「質問マークの"do"を入れて英語にすると?」

🐺「Do you cook it how?」

🎩「聞きたいことを先頭に持ってくると?」

🐺「How do you cook it?」

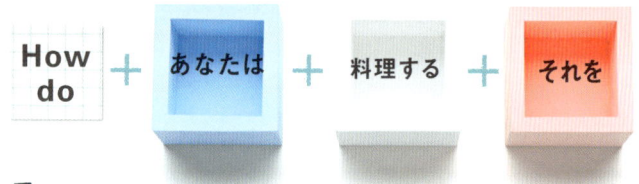

| How do | + | あなたは | + | 料理する | + | それを |

🎩「OK!」

🐺「3の箱から"How"だけ先頭に持ってきたけど、これでいいの?」

🎩「聞きたいことが相手に伝わればいいから、それでいいんだよ」

🐺「そうなんだね」

ダックス先生のまとめ

3つの箱を入れ替えると質問文のできあがり

英語で質問したいときも、まずは3つの箱に日本語の文章を分解して放り込み、変換します。

そして、ここからがポイントです。質問文を作るときにまずチェックするポイントは、その質問に「はい」「いいえ」で答えられるかどうか。ここさえ決まれば、質問文は簡単にできあがります。

相手(You)が「はい」と「いいえ」で答えられるときは、1、2、3の箱の先頭に「Do」か「Did」を付けるだけです。もし、第3者の「彼」や「彼女」について質問するときは「Does」を使います。

Do + 1 + 2 + 3

「はい」「いいえ」で答えられない質問のときも、まずは日本語を1、2、3の3つの箱に放り込みます。そして、聞きたいことが入っている箱、もしくは、聞きたいことを箱の中から取り出してきて、先頭に持ってきたら、What(何を)、How(どのように)、Who(誰が)といった、ひとめで質問だとわかる言葉に置き換えます。これが基本です。

3つの箱に入れて並べると次のようになります。

How + do + **1** + **2** + **3**

What + do + **1** + **2**

Who + **2** + **3**

とにかく最初に結論がくるのが基本である英語は、質問するときも何を聞きたいのか、最初にはっきりさせましょう。聞きたいことがはっきりしていると、聞く側もラクに英語が聞けますからコミュニケーションがスムーズになりますよ。

Chapter 2
1の箱に入れるもの

1つ目の箱は〝誰が〟を
はっきりさせる箱です。
言いたいことの主役が誰なのか、
この箱を使って、
明らかにしましょう。

→ 主役は誰か？

会社を休んだ豆しば。
自宅近くで友だちに会って声をかけられる

友だち　What's the matter?
　　　　（どうかしたの？）
豆しば　**Leg injury.**
友だち　Who? Whose leg?
豆しば　（ケガしたのは僕なんだけど……）

「誰がケガしたの？　この英語だと〝足がケガ〟としか聞こえず、誰がケガしているのかわからないよ」

「先生まで……。僕が言ってるんだから、僕に決まってるでしょ」

「そんなこと言ってもダメだよ。だって**"誰が"が抜けている**からね」

🐺「え？〝誰が〟って、言わなくても僕だってわからないかな」

🎩「残念だけど英語ではそれは無理。日本語だったら、察してくれるかもしれないけどね」

🐺「なんかちょっと面倒だな。**ちゃんと僕だって言わないとわかってもらえない**なんて」

🎩「**英語では〝誰が〟をはっきり言わないと伝わらない**んだから仕方ない。自分だったら〝I〟って言わないとね」

🐺「毎回毎回、Iなんとかって言わなきゃダメなの?」

🎩「そう。確かに面倒かも知れないけど、英語ではそれが当然。**基本的にはいつも言わないといけません**!」

🐺「じゃあ、どう言えばいいのか教えてくれない?」

🎩「よし。3つの箱で整理してみよう。1の箱は?」

🐺「ケガしているのは僕だから〝僕〟」

僕

[1の箱の図]

🎩「何度も言うけど、**〝誰が〟をはっきりさせるのが英語**だから忘れないようにね。2は?」

047

🐺「**2**は"ケガした"が入って、**3**には"僕の足を"だね」

🐶「はい、できた。それをそのまま並べると」

🐺「僕は、ケガした、僕の足を」

🐶「英語にすると」

🐺「I hurt my leg.」

🐶「これで、ケガをしたのがきみだと伝わる英語になったね」

ダックス先生のまとめ

日本語では、「私が〜」「あなたが〜」といった「誰が」を抜いて会話することがよくあります。

「明日の飲み会、参加するね。ところで、来週のコンサートは行けるの?」
「たぶん、行けると思う」

これでも日本語の場合、会話が成立します。それは状況から「誰が」が誰のことを指しているのか理解できるからです。「参加します」と言えば、言った人が参加すると受け取ります。「行きます」と言えば、言った人が行くと受け取ります。日本語なら当たり前ですよね。

ところが**英語の場合は、「私は参加します」「私は行きます」と言わなければ伝わりません**。英語で会話するときは、状況から判断してもらえると思わないこと。自分がどうするのか、どうしたいのか伝えるときは、**とにかく「I」から始める**ことです。そうするだけで、言いたいことがちゃんと伝わるようになります。

→ "あなた"も"私"も省略不可

打ち合わせ後、忘れ物を発見した豆しばと友だち

友だち　What should we do with this?
　　　　（これどうしよう?）
豆しば　**Keep it.**
友だち　Should I? Or you keep it?
　　　　（僕が?　おまえが?）
豆しば　（僕が預かるって言ってるのに……）

「"それ預かって"って。預かるのは誰なんだろうね?」

「僕が言ってるんだから、僕でしょう」

「いや、きみか友だちだと思うけど、keep itと言うとむしろ友だちに命令しているように聞こえるよ」

🐶「え？ こんなときも、僕が預かるって言わなきゃダメなの？ わかるでしょ？ ふつう」

🐩「そうだね。日本語では"私が"と言わなくても伝わるけど、英語では伝わらない。"預かる"のが私なのか、あなたなのかはっきりさせないとダメなんだ」

🐶「私とか、あなたとか言い慣れてないけど、英語でははっきり言わなきゃいけないんだね」

🐩「英語ではそれが当たり前なんだよ」

🐩「では、この文章を英語に訳してみよう。まず、日本語を3つの箱に整理する。1の箱には何が入る?」

🐶「預かるのは僕だから"僕が"」

僕が

→ 1

🐩「2と3はどうなる?」

🐺「**2**は"預かる"で、**3**が日本語にはないけど"忘れ物"とか"それ"でいいのかな」

預かる　　それを
2 + **3**

🐶「うん、そうだね。今回は"それを"ということにしようか。じゃあ、並べ替えて」

🐺「僕が、預かる、それを」

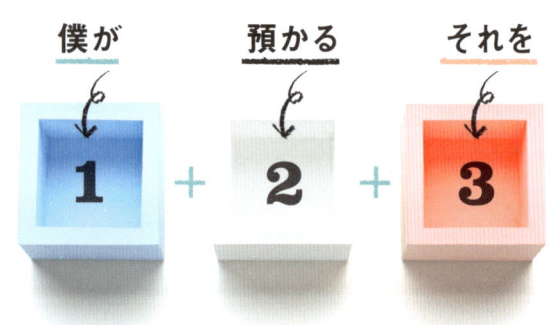

僕が　　預かる　　それを
1 + **2** + **3**

🐶「英語にすると」

🐺「I keep it.」

🐶「これなら預かるのはきみになるよね」

ダックス先生のまとめ

日本語では、「持ってきてください」と言えば、言った相手にお願いしていることになります。「持っていきます」と言えば、自分で持ってくることになります。

語尾を変えるだけで、"誰が"がわかるのが日本語ですが、英語の場合は、"誰が"をはっきりさせないと伝わりません。
というのは、英語の場合、「持ってくる」という動作を表す言葉は、持ってきてもらっても、持っていっても、「birng」という同じ言葉を使うからです。

英語では「誰が」をはっきりさせることが肝心です。シビアな状況になればなるほど「誰が」を言わなかっただけで誤解を生んだり、トラブルになることもあるので注意しましょう。**とにかく、自分のことなら「I」から始めること**です。

→ 主役不在の落とし穴

チワワちゃんと夕食を食べることになった豆しば。自宅に向かって歩きながら

チワワ　**What do you want to eat tonight?**
（今夜何食べるの？）
豆しば　**Make pasta.**
チワワ　**What? I have to make pasta?**
（え？　私がつくらなきゃいけないの？）

豆しばの発した言葉にムッとした彼女が怒って豆しばの自宅とは逆方向に歩き出してしまった。

「なんだよ、一体……」

「ハハハッ、彼女怒っちゃったね」

「笑いごとじゃないよ。僕はパスタをつくると言っただけなんだよ」

「たしかに"パスタをつくる"と言うのに"make"と"pasta."という言葉を使ったのは間違ってない」

「じゃあ、なんで怒るんだよ?」

「**きみの英語には"誰が"が抜けてるからだよ**」

「"誰が"が抜けただけであんなに怒るもの?」

「英語では**"誰が"が抜けると、命令や指示をしていることになるときがあるんだ**」

「つまり僕は彼女に、いきなり"パスタをつくれ"って言っちゃったんだね」

「そういうこと。それならムッとするかもね」

「わかった。じゃあ、僕は、そういうとき、どう言えばよかったの?」

「それでは、3つの箱に整理してみようか」

「OK! つくるのは僕だから1には"僕"」

僕

1

055

🐶「2と3は？」

🐺「2は"つくる"で、3は"パスタを"」

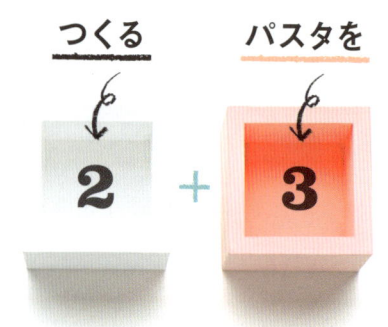

つくる　パスタを

2 + 3

🐶「並べ替えて」

🐺「僕は、つくる、パスタを」

僕は + つくる + パスタを

🐶「英語にすると」

🐺「I make pasta.」

🐶「これで完成！ これなら誰にも怒られないよ。難しい英語じゃないけど、**"I"があるかないかだけで、意味も相手に与える印象も全然違ってくるから注意**しよう」

ダックス先生のまとめ

英語では「I」が抜けて動作を表す言葉だけになると相手に命令や指示することになります。
たとえば、バスに乗っていて運転手に「降ります」と言いたいとき、私つまり「I」を抜かして「Get off」だけを言ってしまうと、運転手に「降りろ」と命令することになってしまいます。

とくに注意したいのは焦っていたり、緊急事態になっているとき。英語に慣れていないと、どうしても覚えている単語を大きな声で連呼しがちです。
たとえば、「行く行く」と言いたいとき、

Go, go.

と言ってしまうと、「行け！」という命令に聞こえてしまいます。

表情や態度で「私が〜する」というニュアンスが伝わることもありますが、**発せられた言葉だけを聞くと、相手への命令・指示に聞こえてしまいます**。ひとつ間違うと相手を不快な気持ちにさせ、誤解を招くこともあります。

自分のことを伝えるときは、とにかく「I」から始める。「I」を意識的に使うことから始めて下さい。

→ 責任のありか

豆しばが友だちとジョギングしながら

豆しば　**Jogging is good for health.**
友だち　Really? Is that true? Why do you think so?
　　　　（本当？　どうしておまえはそう思うの?）
豆しば　（いやいや、一般的にそう言われているからなんだけど……）

<mark>「きみが言いたかったのは、世間一般的に"ジョギングは健康にいい"と言われているよっていうことかな？」</mark>

「まさにその通り。だから友だちに"どうしておまえはそう思うの?"と聞かれてもすごく困っちゃって」

<mark>「一般論を言うなら、それが一般論だということをちゃんと言わないと</mark>、そう聞かれても仕方がないよね」

🐺「え？ そうなの？ こういう場合でも、**自分の意見と一般論とは、はっきり区別しなきゃいけない**んだね」

🐶「そう。誰の意見かわからないでしょ」

🐺「そうか、そこもはっきりさせるんだ」

🐶「**日本語の場合は、どちらともとれる言い方をするし、それでもいいんだけど、英語ではそれは許されない**」

🐺「そうなんだ。それにしても、友だちに突っ込まれるようなことを言った覚えはなかったけど」

🐶「英語では発言に気をつけないといけないよ」

🐺「うん、わかった」

🐶「それじゃあ、正しくはどう言えばよかったのか、確認しよう」

🐺「誰が言っているのか、誰の意見なのかがちゃんとわかる英語にする、ということだよね」

🐶「そう、3つの箱を使って整理して英語に訳してみよう。ジョギングが健康にいいと言っているのは誰だったの？」

🐺「えっと。僕の読んだ雑誌の記事で、お医者さんがそう言ってたんだ。その場合はどう言えばいいのかな？」

🐶「この場合は"医師"でも"記事"でもいいんだけど、今回はある1人の"医師"にしようかね」

🐺「わかった。では、**1**の箱には"医師"が入る」

医師

↘

1

🐩「じゃあ**2**はどうなる?」

🐺「**2**は…**1**が医師だから…"言っている"かな?」

言っている

↘

2

🐩「そうだね。そうなると**3**は?」

🐺「残りの"ジョギングは健康にいい"。これで全て箱に入ったよね?」

ジョギングは健康にいい

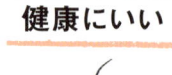

↘

3

🎩「はい正解。並べてみて」

🐕「医師は、言っている、ジョギングは健康にいい」

[医師は] + [言っている] + [ジョギングは健康にいい]

🐕「ジョギングは健康にいいっていうのは、どう表現したらいいの？」

🎩「**3**の箱については、チャプター4で詳しく説明するけど、この中にさらに3つの箱で構成された文章が入ることがある。今回の場合がそう。jogging is good for healthという文章がそのまま入るんだ」

🐕「**3**の箱の中をさらに3つの箱で整理するんだね」

🎩「そう。**3**の箱を訳してから、**1**と**2**の箱をあわせるといいよ。では全部英語にすると？」

🐕「A doctor says jogging is good for health.」

🎩「これできみの意見じゃなくて、お医者さんの意見になったね」

🐕「情報の出所がクリアになってよかった！」

ダックス先生のまとめ

ふだんのおしゃべりでは、**自分の意見なのか、一般論なのか、それとも特定の誰かの意見なのか、あいまいでも許されるのが日本語。それをはっきりさせないとだめなのが英語です。**

ちなみに、一般論のときは、"誰が"の部分をwe、they、peopleといった表現にするのが一般的です。また、自分の意見として言いたくないときも、Iではなくwe、they、peopleを使うと便利です。ただし、話している内容に説得力や信ぴょう性を持たせたいときは、今回のように、具体的な名前や職業名などを"誰が"に入れるといいでしょう。それは日本語も英語も同じことです。

「○○○だよね」という日本語で浮かんだときは、英語にするときは最初に1の箱に入る"誰が"が誰なのか、はっきりさせることを忘れないようにしましょう。

→ とりあえずの "it"

豆しばが友だちと話しながら

豆しば　**Tomorrow rain.**
友だち　……
豆しば　（なんかまずいこと言ったかな……）

🎩「友だちは怒っているわけじゃないよ。ただ、**きみが何を言っているのか、ちょっとわかっていない**だけで」

🐱「"明日は雨が降るね"が伝わってないってこと？　英語の単語は間違っていないと思うけど」

🎩「いや、"明日"も"雨"も単語としては正しいから、多分なんとなくは伝わっているはずだけど。ただ、この英語だと"明日雨"に聞こえるから、ちょっと変わった言い方だなぁって思われてるだろうね」

🐱「どこがまずいの？」

🐶「**きみの英語にはいつものように、1に入る言葉が抜けている**んだよ」

🐱「え？ この場合、1に入る言葉なんて、ないよ」

🐶「そうだよね、日本語には、ね。でも英語にはあるんだ」

🐱「えっ、誰が雨を降らせるの？ 神様？」

🐶「それはわからない。**わからないから英語の場合は"It"を1の箱に入れる**んだ」

🐱「It？ Itでいいの？」

🐶「そう。**英語では、"誰が"がわからないときは、1の箱に"It"を入れるのがお約束**なんだよ」

🐱「"明日は雨が降るね"をちゃんとした英語で言うとどうなるの？」

🐶「それじゃあ、Itを使いながら3つの箱に整理してみようか」

🐱「**1** は"It"がくるんだよね」

It
↓

1

🐶「そう。そうなると**2**と**3**は?」

🐱「**2** は"雨が降る"で、**3** は"明日"」

🐶「うん、それでいいんだよ。並べてみて」

🐱「It　雨が降る　明日」

🐶「英語にしてみようか。ちなみに、明日のことは、まだ起こっていないこと。それを予想して言っているんですよ、という印を付けないといけない。それが"will"。2の箱の前に付けてね。」

🐱「It will rain tomorrow.」

🐶「そう、その通り。これで完璧な英語のできあがりだ。」

ダックス先生のまとめ

「It」を使ってでも「誰が」を省略しないのが英語。 それだけ「誰が」をはっきりさせるのが英語ですから、「It」を言わないと、それだけでぎこちない言い方になってしまいます。

「誰が」がはっきりしないために「It」が使われるのは、天気、温度、距離、時刻など。
こういうときは、次のような言い方になります。

It has recently rained much.
(最近、雨が多いよね)

It is 25°C (twenty-five degrees Celsius).
(今、気温は25度だよ)

It is five kilometers to my house.
(自宅まであと5キロかな)

It is five to ten.
(あと5分で10時になるね)

1の箱に「It」を入れるだけで、3つの箱の使い方は同じになります。

→ 代理の〝it〟

今日あったすごい出来事を伝えたくて

豆しば **I saw a movie star in the train is great.**
チワワ What?（はぁ?）
豆しば （あれ? 彼女、イライラしている。へんなこと言ったかな?）

🐩「彼女、少しイラッとしたみたいだね」

🐱「だよね。僕、〝電車の中で映画俳優を見たんだけどすごいでしょ!〟って言いたかっただけなんだけど、おかしなこと言った?」

🐩「そうだなあ。出だしは良かったけど、きっと<mark>すごいことの説明が長すぎた</mark>んだよ」

🐱「え? すっごく興奮する出来事だったから、具体的に伝えたのに……。それでイラっとさせちゃうなんて。じゃあ、こういうときはどうすればいいの?」

🐶「3つの箱で整理しよう。何がすごかったのかな?」

🐱「"電車の中で映画俳優を見たこと"だよ」

🐶**「1の箱には"誰が"だけでなく、"何が"も入る**んだ」

🐱「ということは?」

🐶「この場合、**1の箱にそれが全部入る**んだ」

電車の中で
映画俳優を見たこと

[1の箱の図]

🐱「ふーん。そうなんだね。でも、1の箱に全部入れて英語にしてしまうと、相手をイラッとさせちゃうんだよね。どうすればいいの?」

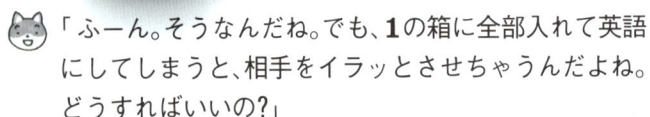

🐶**「1の箱の中身がダラダラと長いときは、"It"に置き換えるといいんだ」**

🐱「え? "It"? 置き換えるのはいいけど、それじゃあよくわからないじゃない。Itの説明はどうするの?」

🐶「あとから説明する。**英語では、結論がすぐにわかることが最重要ポイント**。たとえば今の話なら、**きみが幸せだってことをシンプルに伝えればよかった**んだ」

🐺「あとから？ そのせいで文章が長くなったり、複雑になったりしないの?」

🐶「2と3はどうかな?」

🐺「3は"すごいだろ"だけど、2は???」

🐶==「2の箱に入るのは基本的には動作や行動を表す言葉だけど、たしかに入れるものがない。そういうときは"is"や"are""am"を入れることになっているんだ」==

🐺「そうなんだ」

is　　　　すごいだろ

2 ＋ 3

🐶「1が長いのでひとまず"It"に置き換えて並べ替えてみて」

🐺「It、is、"すごいだろ"。これはシンプルだね」

It ＋ is ＋ すごいだろ

🐶「そして、==この文の最後に"that"を入れて、itで受けた具体的な内容を入れる。この"that"が、ここから先が先頭の"It"が受けている内容ですよ、と示すマークなんだ==。じゃあ、もう1度並べてみて」

🐺「Itは"すごいだろ"、"電車の中で映画俳優を見たこと"」

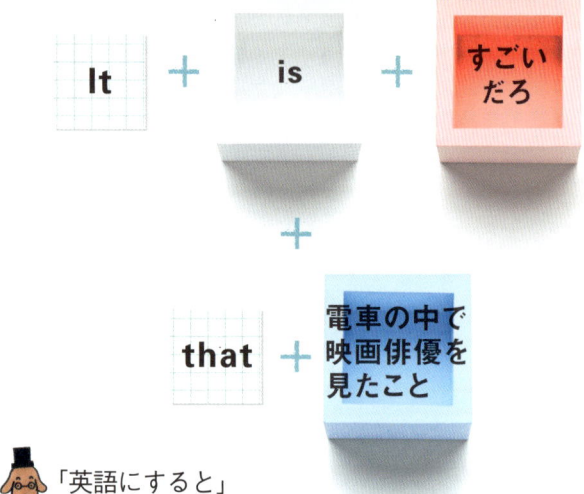

It + is + すごいだろ

+

that + 電車の中で映画俳優を見たこと

🐶「英語にすると」

🐺「It is great that I saw a movie star in the train.」

🐶「わかりやすい英語ができたじゃない」

ダックス先生のまとめ

英語は最初に結論を言うのが基本です。結論を言わずにダラダラと前置きの長い話をすると、相手をイライラさせる可能性があります。あまりに長すぎると、最後まで聞いてくれないこともあります。日本語は**最後まで聞いても結論がないこともあるので気をつけたいところ**ですね。

だから、1の箱も2の箱もできるだけ簡潔にするのが肝心。
1の箱に入れる「誰が」もしくは「何が」が長いときは、「It」に置き換えてシンプルにしましょう。
そのとき、英語に訳す日本語の並びは次の通り。

It + 2 + 3 + that + 1

この順番で、箱に入れた日本語を英語にすると、伝えたいことをシンプルに伝えやすい英語になります。

→ "there"は誰のものでもない

残業中おなかがすいた友だちが
豆しばに声をかける

友だち　Something to eat?
　　　　（なにか食べるものある？）
豆しば　**I have some cakes on the table.**
友だち　Can I have one of those?
　　　　（1つ食べていいの？　やっぱり食べちゃダメだよね？）
豆しば　（何をわざわざ確認してるの……）

🐱「"テーブルの上にお菓子があるよ"って言ってるんだから食べればいいのに……へんなの」

🎩「いやいや、友だちは、お菓子がきみのものだと思ったから、食べていいかどうか確認したんだよ。**自分のものだってあえて主張されたものを食べることはできない**でしょう」

🐺「え？　別に僕のものでもないんだけどな」

🎩🐕「**誰のものかはっきりさせるのが英語だから、誰のものでもないときは、そう伝えないとわからない**」

🐺「テーブルの上に置いてあるお菓子でも？」

🎩🐕「そう。誰のものかはっきりね。今回きみは、**I haveを使っているから"自分のお菓子はテーブルにあるけど"ってはっきり主張している**ことになるんだ」

🐺「あ〜あ。全然そういう意味じゃなかったのになぁ。じゃあ、自分の物じゃないものがそこにあるよって言いたいときは、どうしたらいいの？」

🎩🐕「そういうときは**"There is ○○"って言うと、誰のものでもないことになる**んだよ」

🐺「ふーん。それは、○○があるってことだね」

🎩🐕「そう。誰のものでもないときは、そう言えば誤解を招くことはないよ」

🎩🐕「じゃあ、3つの箱に整理して英語に訳してみるとどうなるかな？」

🐺「あるのはお菓子だから、1に入るのは"お菓子"でいいのかな？」

🎩🐕「そうだね。**1の箱には"誰が"だけでなく、今回のケースのように物のことを話したいときには、"何が"が入るときもある**からね。それじゃあ、2の箱と3の箱はどうなるかな？」

🐺「**2**は"ある"で、**3**は"テーブルの上に"でいいよね」

お菓子　　ある　　テーブルの上に

1 + **2** + **3**

🐶「**1**、**2**、**3**の順にすると」

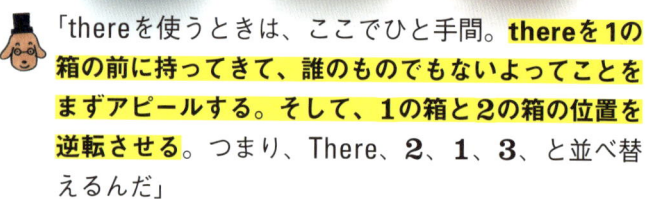

🐺「お菓子、ある、テーブルの上に」

お菓子 + ある + テーブルの上に

🐶「thereを使うときは、ここでひと手間。**thereを1の箱の前に持ってきて、誰のものでもないよってことをまずアピールする。そして、1の箱と2の箱の位置を逆転させる**。つまり、There、**2**、**1**、**3**、と並べ替えるんだ」

🐺「どうして逆転させるの?」

「"there"には"そこに"という意味があり、**2**の箱の"ある"と組み合わせて、"そこにある"ということを示すんだ」

「そうなんだね。そうすると、日本語の並び順は、There、ある、お菓子、テーブルの上に」

There + ある + お菓子 + テーブルの上に

「そうそう。じゃあ英語にしてみて」

「There are some cakes on the table.」

「これで友だちは遠慮なくお菓子が食べられるようになるね」

ダックス先生のまとめ

それが誰のものなのか、はっきりさせるのが英語の特徴です。

自分のものであるときは、I have や my〜といった表現を使って自分のものだとはっきり伝えます。

一方、**自分のものでないとき、あるいは自分のものであるということを特に主張したくないときは、「there」**を使います。この表現は、単に存在を示すものなので、これには所有者がいないんだということがはっきり伝えられます。

ここで注意したいのは、「there」を使うときは、3つの箱の並び方が少し変わるということ。つまり、次のような並びになるということです。

There + 2 + 1 + 3

順番に気をつけて、「there」を上手に使いましょう。

Chapter 3

2の箱
に入れるもの

2つ目の箱は、
1の箱に入れた主役が
どうするのか、
あるいはどんな状態なのかを
はっきりさせる箱です。

2

→ 何する？どうする？

映画館を出てきた豆しばは、興奮しながら友だちに

豆しば **Movie nice.**
友だち What? What do you want to say? (は？　何が言いたいの？)
豆しば （映画がよかったって言いたいだけなんだけど、どうしてイライラするの？）

🐶「きみは何を言いたかったのかな？」

🐱「えーと、〝この映画、よかった〟と言いたかったんだ」

🐶「〝映画、よかった〟って==英語の単語を並べただけでは伝わらないよ==」

🐱「とはいっても……」

🐶「これまでずっと言っているけど、3つの箱で言いたいことをいったん整理してから英語に訳すようにしないと、いつまでたってもちゃんと伝わる英語が話せるようにはならないよ」

🐱「そうだったね。3つの箱を使う習慣をきっちりつけないといけないね」

🐶「では3つの箱で整理していこう。1つ目の箱だけと……」

🐱「僕がよかったと感じたんだから、1の箱には〝僕〟が入るでしょ。2の箱には……」

🐶「**2の箱には、1の箱に入れた人や物が==何をしたのか、どうしたのか、はっきりさせて==入れるんだ**」

🐱「わかった。この場合は、僕がどうしたのか、はっきりさせるってことだよね」

🐶「そうだね。きみがどうしたのかな？」

🐱「えーと、〝よかった〟というのはどう言えばいいのかな……ちょっとわからないや…」

🐶「"よかった"というのは、シンプルに言えば、"好きだ"ということだよね。**英語に訳せない難しい言葉に出合ったら、他に簡単な言葉に言い換えられないか考える**といいよ」

🐱「そうか！ なるほどね。では、2の箱には"好きだ"。3の箱には"この映画"が入るってことだね」

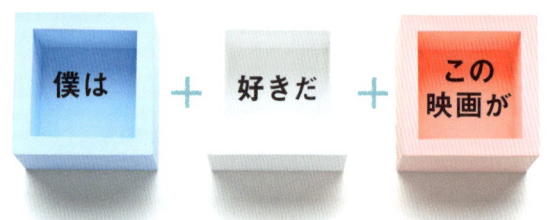

| 僕は | ＋ | 好きだ | ＋ | この映画が |

🐶「OK！それを英語に訳してごらん」

🐱「I like this movie.」

🐶「とても簡単だけど、きみの気持ちや感想がダイレクトに伝わる英語になったね。英語は難しく言えばいいってものではないんだ。**相手にいかにはっきり伝えられるかが大切**なんだ」

ダックス先生のまとめ

このチャプターでは2の箱の使い方について、具体的に説明します。

2の箱は、1の箱に入れた主役となる人や物が、何をするのか、何をしたのか、どうしたのか、どうしたいのかなどをはっきりさせる箱です。主役の行動や状態を表す言葉が主に入ってきます。

日本語ではあまり気にすることはありませんが、**英語では、いつのことなのか、続いているのかなど、時間の経過にこだわります**。また、それだけでなく、**可能性はどれだけあるのか**、きちんと示したり、**気持ちや思い入れの強さ**まで相手に伝えていきます。

英語は、あいまいが許される日本語と全く異なり、とにかくはっきりさせたい言葉です。日本語を話しているときには見逃しがちなところや、無視してしまっていることについても、箱をイメージしながら、ひとつひとつしっかり確認して言葉にしていくようにしましょう。

難しい言葉を使う必要はありません。伝えたいことを、できるだけ具体的にはっきりさせて伝える。このことを念頭に置いて、頭の中を整理しながら、英語を組み立てていきましょう。

→ 今か昔か
はっきりさせる

スポーツショップに入った豆しばと友だち

友だち　I want to play kendo.
　　　　（剣道やりたいんだ）
豆しば　**Oh! I play kendo.**
友だち　Really? I have a bamboo sword. Can you give me a lesson tomorrow?
　　　　（本当？　僕、竹刀持ってるんだ。明日教えてよ！）
豆しば　（え！　前にちょっとやったことがあるだけなんだけど……）

🐶「いきなり誘われちゃったね」

🐱「どうしてだろう?」

🐶「きみの言い方だと、友だちは、きみが剣道をいつもやっているのだと思ってしまったからだよ」

🐱「僕は、以前剣道をやったことがあるって伝えたかったんだけどな」

🐶「やったことがあるんだってことを**ちゃんと言葉で表さなくては伝わらないよ**。でも、きみが伝えたいことは、3つの箱にきちんと整理できているね」

🐱「**1**の箱に〝僕は〟、**2**の箱に〝やっていた〟、**3**の箱に〝剣道〟といったかんじだよね」

| 僕は | + | やっていた | + | 剣道 |

🐶「そうだね。これをきみは、

I play kendo.

と訳してしまったんだけど、実は、**2**の箱に大切なポイントがあるんだ」

🐱「**2**の箱に入る言葉の訳し方にポイントがあるの?」

🐶「そう。英語では、**過去にやったことなら過去のことだとはっきり言わないと、今もやっていること、もしくは、いつもやっていることのように、相手に伝わってしまう**んだ」

🐱「ふーん……日本語ではそんなに気にしないんだけど、英語だと、過去は過去の話としてちゃんと言わないといけないってことだね」

🐶「そうなんだ。**いつのことなのか、はっきりさせるのも英語**なんだよ」

🐱「**I played kendo.**
こう言わないと伝わらなかったんだね」

🐶「そういうこと。とくに英語の場合は、さっき、きみが言ったように、**現在のことのように話すと、現在やっているのはもちろん、この先もずっと続けようと思っている、という強い意志表示として受け取られてしまう**ので注意することだよ」

ダックス先生のまとめ

「している」「したことがある」「する予定」など今なのか、過去なのか、未来なのかはっきりさせるのが英語。とくに今現在のこととして伝えるときは、実は、未来も続けるんだという強い主張になります。とくに仕事で使うと確定事項になってしまい、まずいことになりかねません。口約束のような中途半端なことは言わないようにしましょう。

I jog.
(ジョギングをしています)

I don't eat rice for dinner.
(夜はお米を食べないようにしています)

I get up at six every morning.
(毎朝6時に起きます)

こうした表現は、すべて、この先も続ける習慣として受け取られます。

→ 絶対に変わらない事実

飲み会で自己紹介を促された豆しばは、自分の名前を言った後に

豆しば　**I came from Nagasaki.**
参加者　**When did you come here?**
　　　　（いつ長崎から来たの？）
豆しば　（出身地を言ったはずなんだけどな）

「"長崎出身です"って言ったはずなんだけどな」

「まあ、落ち込まないで」

「3つの箱でいうと、1に"僕は"、2に"出身"、3に"長崎"となるよね」

僕は ＋ 出身 ＋ 長崎

「"〜出身"を英語にすると"come from"というのは知ってたんだ。どうして"come from"を過去の言葉にしたの?」

「生まれたのは、ずいぶん過去のことだから……」

「実は、**過去にしてしまうと、"come from"の意味が、"〜出身"ではなく"〜から来た"になっちゃうんだ**」

「だから"いつ来たの?"って言われたんだ。"come from"のままでよかったんだね」

「そう、**英語では絶対に変わらないことや、真理や習慣は、現在の言葉で話す**んだ。こういうこともはっきりさせるのが英語の特徴なんだ」

「I come from Nagasaki.」

「これで、きみが長崎出身だってわかってもらえるね」

ダックス先生のまとめ

世の中には昔からずっと変わらないものがあります。
The earth is round.
(地球は丸い)
Human being is one of animals.
(人間は動物です)

また、ことわざのようなものは人生の真理を言い当てているためか、現在形がほとんどです。
There are no shortcuts to anything.
(なにごとにも近道はない)

出身地もそうですが、==過去からずっと変わらないことを伝えるときは、現在の言葉にするのが英語のルール==。昔からそうだから、過去の言葉で話してもよさそうですが、過去の言葉にすると意味が変わってきます。
たとえば、「地球は丸かった」と話すと、丸くなかった頃もあるの？ 今は丸くないの？という疑問が湧いてきてしまうのです。
変わらないもの、変わるものをはっきり区別するのも英語の特徴なのです。

→ 今も続いていること

雨が急に降り出して
傘を取り出したチワワちゃんに豆しばが

豆しば　**I lost my folding umbrella.**
チワワ　Oh, did you?（そうなんだ）
豆しば　（傘がないって言ってるのに、傘に入れてくれないなんて……）

🐶「あらら……雨に濡れて帰るしかないね」

🐱「先生もひどいなあ。"折り畳み傘をなくしちゃった"って言いたかったんだけど、どうしてこれで傘がないって伝わらないの?」

🐶「きみの言葉だと、"折り畳み傘をなくしました"という意味になって、**今、傘を持っているのか、持っていないのかわからない**からね。持っていると思われても仕方がないよ」

🐱「でも、折り畳み傘をなくしちゃったって言ったら、今持っていないに決まってると思うけど」

🐶「**残念ながら、英語ではそう取られない。英語は、それがいつの話なのか、いつからいつまで続いているのか、時間軸もはっきりさせないといけない**んだ」

🐱「じゃあ、傘をなくしちゃったって言わずに、傘を持ってないと言えばよかったの?」

🐶「そう言った方が早いけど、**傘をなくして今も持ってないと言えればいい**んだよね?」

🐱「そうだけど、そんなことが言えるの?」

🐶「**英語には"過去のことが現在まで続いています"と伝える表現がある**んだ」

🐱「そうなんだ。それは便利だね。で、どうするの?」

🐶「2つ目の箱に注目するんだ!」

🐱「OK! **2**の箱には"なくした"、が入っているよね」

なくした

「この〝なくした〟を〝今もなくしている〟というように伝えることが大切なんだ」

「lostではだめだったということだね。どうするのか教えて!」

「1と2の間にhaveを入れて、その後に続いていることを表す言葉を入れないといけない。これがいわゆる過去分詞と言われるものなんだ」

1 + **have** + **2** + **3**

「I have lost my folding umbrella.」

「よしOK! これで傘に入れてもらえるよ」

ダックス先生のまとめ

日本語にも英語にも、過去は過去のこと、現在のことは現在のことだとわかるような表現方法があります。**なんでもはっきりさせるのが基本の英語は、時間についても過去、現在、未来をはっきりさせます**。その表現方法のひとつにあるのが、過去から現在まで続いていることを表現する方法です。

❶ **過去にあったことを3つの箱で整理し英語にする。**

[1] + [2] + [3]

このままだと過去の出来事を伝えることになります。

❷ **1と2の間にhaveを入れ、2に入っている言葉を過去分詞にする。**

[1] + have + [2] + [3]

これで、過去に起きたことが現在まで続いていることになります。

→ 確実に起こる未来

電車に乗っているときに、おばさまに次の駅を聞かれた豆しばは

豆しば **The next station will be Shibuya.**

おばさま It won't be Shibuya?
（えっ、渋谷じゃないかもしれないの？）

豆しば （そんなわけないでしょ！　なに言ってんの！）

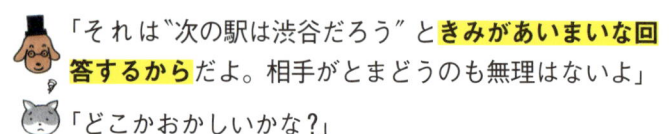

🐱「"次の駅は渋谷です"って言ってるのに、信じてもらえなかったみたい」

🐶「それは"次の駅は渋谷だろう"と**きみがあいまいな回答するから**だよ。相手がとまどうのも無理はないよ」

🐱「どこかおかしいかな？」

🐶「うん、おかしい。**その原因は2の箱のところ。きみの使っていた"will"**にある」

🐱「え？　だって、これから電車が停まる駅だから、未来を表す"will"を使ったんだけど……」

🐶「未来のことを言うのだから"will"。間違っているわけではないんだけどね。ところで確認するけど、**次の駅は渋谷でないこともあるの?**」

🐱「先生まで……。この場合、次に停まる駅は渋谷しかありえないよ」

🐶「だったら、**次の駅が渋谷になることは確実。つまり、確定している未来**だよね。そういうときは、"渋谷だろう"とか"渋谷でしょう"と言わずに、"渋谷です"とはっきり言わなくちゃ」

🐱「とはいっても、どう言えばいいの？」

🐶「3つの箱で頭の中はきちんと整理されているね。この中で**2の箱に注目**だ」

「ええと……2の箱は〝です〞だね」

次の駅 + です + 渋谷

「そう。ここが今回のポイントなんだけど、**willを使わないでそのままの形で英語にしてみて**」

「どうして?」

「**未来とはいえ変わることのないことだから**ね。そういう場合は出身地のときと同じような考え方で、willは使わないんだよ。むしろ、使うことで相手を混乱させてしまうから要注意だよ」

「The next station is Shibuya.」

「それなら次の駅を聞いてきた人も安心だね」

ダックス先生のまとめ

未来のことを話すときは「will」を使いましょうと英語の授業で習いますよね。間違っているわけではありませんが、**未来のことを、現在のこととして話す方が適切なときがあります。それは、確定している未来について話すとき**です。

Tomorrow is Friday.
(明日は金曜日です)

The meeting starts at 3 o'clock on Monday.
(ミーティングは月曜日の3時からです)

The next intersection is a junction of three streets.
(次の交差点は三差路です)

未来に起きることが確定していることなのか、予想や予測に基づく発言なのか、はっきりさせるのも英語です。確実に起こることなら、未来のことであっても、現在のこととして話します。

→ 前から決めていること

チワワちゃんと話をしているときに豆しばが

豆しば **I will take a trip to New York next week.**

チワワ Next week! We have a festival, so you should go there next month.
（来週はお祭りがあるから来月にしたら）

豆しば （もうチケットも買ってるし無理なんだけど……）

🐶「NYに行くのキャンセルするの?」

🐱「それは無理だよ。もうチケットも買って、ホテルだって予約してるんだから」

🐶「でも、**きみははっきり旅行に行くって言ってないよ**」

🐱「えっ、言ってない?」

🐶「きみの言い方だと相手には"**NYに旅行に行くかもしれないし、行かないかもしれない**"と言っているように伝わってしまうんだ。だから、平気で"来月にしたら"と言ってるんだよ」

🐱「ええ! そうなの? 僕が行くって言っているのだから、そう決まっていることだってわかってもらえないものなの?」

🐶「**英語では相手にわかってもらおうとしても無理**。はっきり決まっていることだと言わないと伝わらないよ」

🐱「じゃあ、すでに決まっていることだと伝えるには、どうしたらいいの?」

🐶「3つの箱の分け方には慣れてきているから、これからは**2**の箱の使い方をはっきりさせよう」

□ + 旅行に行く予定です + □

🐱「2の箱に入っている"旅行に行く予定です"を訳すのに、僕はさっき、予定だからwillをつけたんだけど」

🐩「惜しい！　実は英語では、**いつ決めたのかをはっきり示さないといけない**んだ」

🐱「英語はそれもはっきりさせたいの？」

🐩「そうなんだ。**話をしている、まさにその時に、そうしようと決めたのなら、willを使うんだけど、話をする時にもうすでに決めていたのなら"be going to"を使う**んだよ」

🐱「そうなんだね。僕の場合は、話をしていた時にはNY行きは決めていたから…
I'm going to take a trip to New York.」

🐩「そう、その通り！　これできみが来週NYに行くのは決まりだね」

ダックス先生のまとめ

確定している未来について話すときは、現在のこととして話す方が適切な場合があるという話をしましたが、将来の予定を話すときもそうなる場合があります。

基準になるのは、これから起きる未来のことに前提があるかどうか。

willを使う場合
- 来週のホームパーティは、スペイン料理を考えている
- 夏休みに映画を観に行こうと思っている
- 年末年始に帰省しようと考えている

be going toを使う場合
- 来週のホームパーティは、スペイン料理にするために、材料を買ってきている
- 夏休みの映画鑑賞のために、前売り券を購入している
- 年末年始の帰省のために、チケットを手配している

このように、同じ未来のことでも「will」と「be going to」を使い分けられるようにしましょう。

→ 話の向かう先

友だちにパーティーに誘われた豆しばは

豆しば **I will go.**
友だち That's too bad.　I'll give you a rain check.（残念！　また誘うね）
豆しば （なんで？　僕は行くよって言ってるんだけどな……）

🎩「せっかくのお誘い断ったんだ」

🐱「"行くよ"って言ったつもりなんだけど…」

🎩「**2**の箱に入れた言葉を間違えてしまっているね」

🐱「**2**は行く予定だから、will goでいいのではないの?」

行く
予定です

🎩「誘われた今決めたことだから、willを使ったというところはよかった。でも、**きみが"go"と言うから、"どこかへ出かける"と伝わってしまった**んだよ」

🐱「でもだって、"go"は行くでしょ?」

🎩「実は、**"行く"という言い方には2種類あって、1つは"go"。これは中心点から離れるときに使う。逆に近づくときは"come"**。友だちとの会話の軸はどこにあると思う?」

🐱「それはパーティーだね」

🎩「だとすると、"go"と言うと離れることになるよね。ということは?」

🐱「I will come.」

🎩「これできみもパーティーに参加だね」

ダックス先生のまとめ

学校で教わる「go」と「come」は「行く」と「来る」。実は正確には**goは中心点から離れる行為で、comeは中心点に近づく行為を表す**言葉です。会話の軸が「私」や「私たち」のときであれば、「行く」「来る」と覚えておいても差し支えありませんが、軸が変わると逆になることもあります。

たとえば、「私の夢が実現する」という日本語は「My dream comes true.」という英語になります。夢が向こうから近づいてくるものではなくて、夢が到達点で、こちらから近づいて到達するということですね。

同じような言葉に「take」と「bring」もあります。日本語では「取る」「持っていく」になりますが、中心点から「持ち去る」のがtake、中心点に「持ってくる」のがbringです。
「go」と「come」と同じように、軸がどこにあるかを考えて使うようにしましょう。

→ 起こりうる可能性

フットサルの試合に挑む豆しば。友だちに

豆しば **Miracle may happen.**
友だち You're so discouraged!
A miracle can't happen.
(そんな弱気じゃ奇跡は起きないよ)
豆しば (みんなを励ますために、そう言ったんだけどな……)

🐱「"奇跡は起こるよ"って言いたかったのにがっかりさせちゃったみたい」

🎩「"奇跡は起こるかもしれない"というように伝わってしまっているよ。実はここでも、**2**の箱の使い方に、ちょっとしたコツがあるんだ。とりあえず3つの箱で考えてみよう」

🐱「**2**に入るのは"起こる"だけど、どう言えばよかったの?」

🎩「この場合は、**3には何も入らない**よ」

起こる

🎩「ここで可能性を表すものとして"may"を使ったと思うんだけど、実は、**"may"を使うと自信がないように聞こえてしまう**んだよ」

🐱「えっ! "may"は希望のある言葉ではないの?」

🎩「これからのことを予測する言葉だけど、可能性は弱い。**一番可能性が高いのは"will"。可能性が半々なら"can"を使う**んだ」

🐱「A miracle can happen.」

🎩「奇跡が起こるのは五分五分。これで友だちも納得だ」

ダックス先生のまとめ

これから起こることを伝えるときは、自信があるのかないのか、その可能性の度合いをはっきりさせることも英語の特徴です。
可能性の度合いを伝える言葉は大きく分けて3段階。強い順番に並べると

① will
② can
③ may

will、can、mayは、would、could、mightと過去の言葉にすると、可能性は弱まります。

「maybe」は、言葉の響きからもなんとなく希望が持てる言葉に聞こえますが、**実は自信のないときに使う言葉**。「かもしれない」という、実現の可能性が低いときに使う表現です。

→ 強制に効くスパイス

ミーティングへの参加を後輩に促す豆しば

豆しば **You should come to the meeting.**

後輩 I'll join you if I have time.
（時間があれば参加します）

豆しば （おいおいおい……。絶対だって言ってるのになあ……）

🎩「だいぶ英語に訳せるようになってきたね。でも、残念！　これでは"ミーティングに参加したほうがいいよ"と伝わっているよ。きみの言葉に強制力がなかったから仕方ないけど。もっと強い言い方を教えるね」

🐶「また**2**の箱か。"参加するべきだよ"はどう言えばいいの？」

参加する
べきだ ＋ ミーティ
ングに

🎩「そうだね。ここで英語に訳すんだけど、ひとつポイントがある。**英語では、相手に何かを強制する場合、相手にどのくらいの圧力をかけてやらせるか、その度合いについても言葉ではっきり示す**んだ」

🐶「つまり、"やらなきゃやばいよ"っていう雰囲気を、はっきり示すってことでしょ？」

🎩「そう、その通り」

🐶「そう思って、shouldを使ったんだけど」

🎩「実は、きみが使った**shouldでは"参加したほうがいいよ"くらいにしか伝わらない**んだよ」

🐶「え！　そうなの？　僕の言い方では、全然強制力がなかったんだ」

🐶「**強制の度合いを示す言葉には、"had better"や"must"、"should"などがあるんだけど、"should"は実は強制力が一番低い**んだ」

🐱「あらあら……それじゃあ誰も参加しないだろうな」

🐶「**ビビるくらい強制力をもたせたいなら、強い強制力を持った"had better"を使った方がいい**よ」

🐺「You had better come to the meeting.」

🐶「よし！ "had better"で強制力はバッチリ！ きっと後輩はミーティングに参加するよ」

🐺「よかった」

🐶「ちなみに、3の箱には、いろいろな情報が入れられるから、たとえば、"社長が来るから"とか理由をつけて、いっそう後押しすることもできるんだよ」

🐺「3の箱にはたくさん言葉が詰め込めるんだね」

🐶「そうなんだ。次のチャプターで詳しく説明するね」

ダックス先生のまとめ

誰かに指示を出すときやアドバイスをするときは、強制力があるかないかが、言われた本人の行動に影響するものです。強く言われないと、誰もなかなか行動しないものですよね。
英語は、この強制力もはっきりしています。
表現する言葉は大きく分けて3段階。強制力が強い順番に、

① had better
② must / have to
③ should

had betterはかなり強制力が高い表現なので、状況によっては高圧的に受け取られることもあります。使うときは気をつけるようにしましょう。
本人はやさしくアドバイスしたつもりでも、相手に恐怖心を与えることもあります。上下関係が明確なときだけに限定するほうがいいかもしれませんね。

Chapter 4
3の箱
に入れるもの

3つ目の箱は1の箱と
2の箱に入るもの以外が
すべて入る便利な箱。
使い方によりいろいろな
情報が伝えられます。

→ 3の箱にさらに入る 3つの箱

上司に理不尽なことで怒られて落ち込んでいる友だちに

豆しば　**You are right.**
友だち　What? Who said that?
　　　　(何だって？　誰がそう言ってるのさ？)
豆しば　(僕がせっかく励ましてるというのに、ちょっとムッとするなんて、どういうことだよ……)

「きみは何を伝えたかったの?」

「日本語で言えば、〝きみが正しいよ〟ということ。3つの箱で、きちんと整理して、英語を話せたと思ったんだけど」

「なるほどね。**これは誰の考えなのかな?**」

「僕自身の言葉だよ。それが何か問題なの?」

「実はそこが大切なポイントなんだ。英語では、**自分がそう思っているんだってことをちゃんと言わなきゃ**だめなんだよ」

「え? 僕の口から出た言葉なのに、いちいち僕が思っているって、言わなきゃいけないの? 言わなくても、僕が言ってるんだから、僕の言葉だってわかるじゃない」

「残念だけど、英語では、そういうふうに相手に受け取ってもらえないんだ。**ちゃんと自分の考えだということを相手に伝えなければならない**んだよ」

「そっか……だから友だちが〝誰がそう言っているのさ?〟って言ったんだね」

「**言葉や思い、考えの出所をはっきりさせるのも、英語の特徴**なんだ。だから、**よく "I think" "I hope" を使う**んだよ」

「そうなんだね。ちゃんと〝僕は思う〟と言わないといけないのか」

🐶「では、確認のため、3つの箱を使って英語にしてみようか」

🐱「OK！ でも1に僕、2に思うを入れてしまうと、ぼくの思ったことはどうすればいいの?」

僕　　　思う　　　???

1 + 2 + 3

🐶「そうなんだ。**3の箱は、1と2の箱に入らないけれど相手に伝えたいことを入れる箱。ここでは、3の箱にはきみが思っていることが全部入る**んだよ」

🐱「そうか。ここに〝きみが正しい〟がそのまま入るんだね」

🐶「そういうことなんだ。3の箱には、**さらに、1、2、3の3つの箱**にわけられる、きみが英語に訳したyou、are、rightが入るんだ」

🐱「なるほど」

you ＋ are ＋ right   3

A

🐶「よし、では3の箱の中が長いから、**仮にAとおいて全体をみてみよう**」

🐱「僕、思う、A」

僕 ＋ 思う ＋ A

🐶「では全て英語にすると」

🐱「I think you are right.」

🐶「これで、相手がムッとしないで聞いてくれるよ」

ダックス先生のまとめ

日本語では、あえて言葉にしなくても、あなたの発した言葉は、あなたが考えていることだと伝わりますが、英語ではそうはいきません。**ちゃんと「I think」もしくは「I hope/ wish」などを付けないと、あなたの意見なのか、一般論なのか、それとも誰か別の人の意見なのか、相手にはわかりません**。

相手を励ましたり、アドバイスをしたりするときは、I thinkなど自分の意見だということを主張する言葉を付けて、相手に今の言葉があなた自身の言葉だと思ってもらえるようにしましょう。

もちろん、あなたの発する言葉が、一般論や誰かが言っている言葉なら、それもしっかり伝えるようにしましょう。「誰の」意見が決まったら、あとは3つの箱に整理すると、思いが伝わる英語になります。

→ それが何か はっきりと

友だちと昨夜の食事について
話してた豆しばは

友だち　What did you have for dinner last night?
（昨日の夜は何を食べたの?）
豆しば　**I ate a chicken.**
友だち　One whole chicken?
（えっ、まるごと1羽?）

🐱「"夕食はレストランでチキンを食べたよ"と言いたかったんだけど、うまく言えなかった。しかも、友だちなんだかすごく驚いてるね。どうしてかな?」

🐶「きみはまだ3の箱が上手く使えていないね。言いたいことが伝えられていない」

🐱「1の箱には"僕"、2の箱には"食べた"が入るのはわかるんだけど、それからどうしたらいいのかわからないんだ」

🐶==「3の箱には、"何を""どこで""いつ"といった1と2の箱だけでは伝えきれない情報を全て入れる==んだ。つまり、残りのきみの言いたいことが全部3の箱に入るということだよ」

🐱「3の箱には"チキン""レストランで""夕食に"が入るということだね」

| 僕は | + | 食べた | + | チキン、レストランで、夕食に |

🐶「そういうこと。これを英語に訳せばいいんだけど、3の箱の使い方で、今回注目したいところがある」

🐱「それが、僕の言ったことに友だちがびっくりしていた原因かな?」

「そう。実はきみの言った英語だと、"僕は鶏を丸ごと一羽食べました"と言っていることになってしまうんだよ」

「まさかー！ そんなこと言ってないよ！ 鶏肉を食べたって言ってるだけ」

「"a chicken"と言うと、まるごと1羽の意味になってしまうんだ。鶏肉だったら"chicken"」

「どういうこと？ どう使い分ければいいの？」

「鶏も鶏肉も英語では"chicken"。でも、鶏は数えられるけど、鶏肉は数えられないから、"a"を付けるか付けないかで、英語では、鶏か鶏肉かを表しているんだ。a/anは形がはっきりしている、多くのものの中の1つという意味になるんだ」

「なるほど！ そういうことだったんだ。英語はすごく小さいことにもこだわるんだね」

「そうなんだ。いろいろはっきりさせたいのが英語だからね。では、あらためて英語に訳してみてごらん」

「I ate chicken in a restaurant for dinner.」

「OK！ これで誤解されずに伝わる英語になった」

ダックス先生のまとめ

実は、**数字にこだわるのも英語の特徴です。とくに1つなのか、2つ以上なのかはっきりしています**。だから、数えられるものは、1つなのか、2つ以上なのか区別して伝える必要があるんですね。

たとえば、「卵を買ってきて」と誰かに頼んだとしましょう。日本人ならいつも買っている卵をイメージして、おそらくパックで買ってくる人が多いと思います。ところが英語だと「an egg」と言ったら、買ってくるのは1個。パックで買ってきてほしいなら「a pack of eggs」と複数形で言わないとダメなんです。

2つ以上であることを伝えたいときは、とりあえず言葉の最後に「s」を付けておきましょう。そうしておけば、相手が勘違いすることは少なくなるはずです。

→ 言いたいことが たくさんある

仕事の帰りに友だちと話していた豆しばは

友だち　Do you go to gym?
　　　　（ジムに行ってるんだって？）
豆しば　**Yes, I go to gym... but...**
友だち　Great! Let's go together tomorrow evening!
　　　　（じゃあ明日の夜、いっしょに行こうよ！）
豆しば　（そう言われても、好きじゃないから行きたくないよ）

🐩「明日、筋トレ?」

🐱「いや、断りたいんだ。〝ジムには行っているけど、スポーツは好きじゃないから、行くのは好きじゃないんだ〟と言いたかったんだけど、言いたいことがいっぱいで、どう言えばいいのかわからなくて…」

🐩「これまで通り、3つの箱を使って整理すれば英語にできるよ」

🐱「1の箱に僕、2の箱に行く、を入れたら、後は全部3の箱に入れるんだよね。でも、そうすると、**3の箱がいっぱいになっちゃって、頭の中がごちゃごちゃ**」

🐩「そういう時は、**文章を短くする**ようにして考えるといいよ。この場合、**きみが言いたいのは、いまは1つの文章になっているだけど、内容はいくつかの文章に分けられる**んじゃないかな?」

🐱「なるほど。〝僕はジムに行っている〟〝僕はスポーツは好きじゃない〟〝僕はジムに行くのは好きじゃない〟この3つに分けられる」

🐩「それらを別々に英語に訳すとどうなる?」

🐱「I go to gym.
I don't like sports.
I don't like to go to gym.」

🐩「それだけでも十分伝わるんだけど、どうしても一つの文章で言いたいときの方法を教えよう。きみが一番言いたいことは?」

🐕「"ジムに行っている"ということ」

🎩🐶「では、これを基本の3つの箱に入れる。それから、補足情報として、3の箱の中に、あとの2つの文章を組み込んでいく。そしてここがちょっとしたポイントなんだけど、**文章をつなげるとき、前後の文章がどういう関係にあるのかわかるように、たとえば、理由ならbecause、条件ならif、結果ならsoといったような接着剤の言葉をつける**んだよ」

🐕「"僕はジムに行く"でも"僕はスポーツは好きじゃない"だから"僕はジムに行くのは好きじゃない"となるね」

| 僕は | + | 行く | + | ジムに、でも〜、だから〜 |

🎩🐶「"でも"にはbut、"だから"にはsoを入れる」

🐕「I go to gym but I don't like sports so I don't like to go to gym.」

🎩🐶「よし！ ちゃんと伝わる長い英語が言えたね！」

ダックス先生のまとめ

このように、3の箱には、1と2の箱に入らない情報をすべて入れることができます。

3の箱には、さらに3つの箱で分けることができる、独立した文章が入ることもあります。それも、ひとつではなく、複数入ることがあります。

つまり、3の箱には、==理由を述べたり、結果を説明したり、あるいは条件を示したり……。1と2の箱に入りきらなかった情報を説明する文章を、そのまま入れることができる==のです。

==その時に、必要になるのが、文章の関係性を表す接着剤となる言葉==です。

では、そういった時によく使う便利な言葉をいくつか紹介しましょう。
- 並列的に並べるとき　and
- 反対のことを言うとき　but
- 理由を説明するとき　because
- 結果を説明するとき　so
- 条件を説明するとき　if
- いつのことなのか説明するとき　when

用途に合わせて、ぜひ使ってみて下さいね。

→ 理由をはっきり説明する

友だちと朝食の話になった豆しばは

豆しば **I have the bagel every morning.**

友だち Are you tired of eating the same bagel every day?
（毎日同じベーグルで飽きないの？）

豆しば （毎日、同じもの食べるなんて言ってないんだけどなあ）

🐶「ほんとに飽きないの?」

🐱「ベーグル大好きだからね。でも同じベーグルは食べてないって。シナモンレーズンとか、メープルとか、いろんな種類のベーグルを食べてるよ」

🐶「じゃあ、そう言わないと友だちには伝わらないよ。きみの言い方では〝毎日同じベーグルを食べてます〟って聞こえてしまうよ」

🐱「〝ベーグルが好きだから毎朝ベーグルを食べているんだ〟と英語で言いたいんだけど、どう言えばいいかな?」

🐶「今回の文章は長いから、3つの箱で整理してみよう」

🐱「1の箱に〝僕は〟、2の箱に〝食べる〟。そして、3の箱には残りの言いたいことがすべて入るんだよね」

🐶「そうだよ。入れてみて」

🐱「3の箱には〝ベーグル〟、〝僕はベーグルが好きだから〟が入ることになる。あ! この場合も、==〝僕はベーグルが好きだから〟っていう部分は、また3つの箱で整理できそう==だね」

| 僕は | + | 食べる | + | ベーグル、僕はベーグルが〜 |

🐶「そう、これまで何度か説明しているけど、==3の箱の中にはさらに1と2と3の箱が入ることがある==」

🐺「そうすると、3の箱の中で、さらに"僕は""好き""ベーグル"に整理できるってことか」

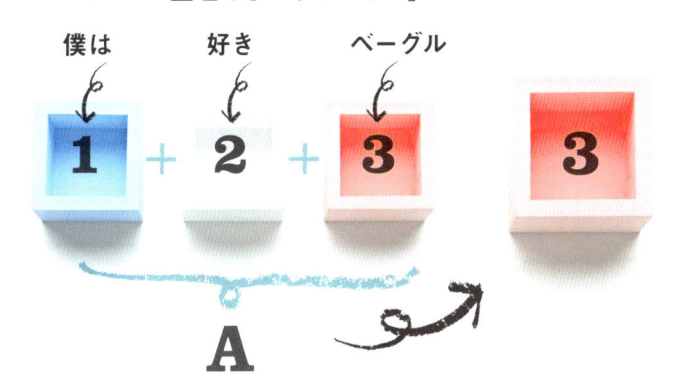

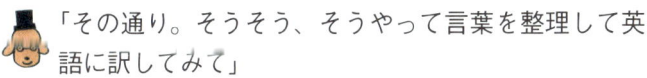

僕は　好き　ベーグル

1 + **2** + **3**　　**3**

A

🐕「その通り。そうそう、そうやって言葉を整理して英語に訳してみて」

🐺「I eat the bagel every morning I like bagels.」

🐕「うわー惜しいな。惜しいポイント1つ目は、3の箱。この中に"〜だから"と理由を説明するものがあるよね。==その文章のかたまりの頭には、それが理由だってことがすぐにわかるように頭にbecauseをつけよう==」

🐺「I eat the bagel every morning because I like bagels.」

🐕「そして惜しいポイント2つ目。今回友だちの誤解を招いたベーグルの表現の仕方だね。いろんな種類のベーグルを食べているということを言うにはどうしたらいいと思う？」

🐱「フレーバーをひとつひとつ上げていくとか?」

🐶「そんな面倒くさいことできないよね? **ポイントは、"the"にある**」

🐱「え? "the"? 実は、"a"か"the"か迷ったんだけど、"the"のほうが特別な感じがして"the"を付けたんだ」

🐶「残念。**"the"を付けると、"そのベーグル"と限定されてしまうから、毎日決まった同じベーグルということになる**んだ。"a"なら、たくさんあるベーグルの1つを指すことにもなるから、ベーグルっていうパンの種類のうちのどれか1つを食べていることになるんだ」

🐱「すっごく小さな言葉の違いなのに、そんなに大きな違いがあるんだね

I eat a bagel every morning because I like bagels.」

🐶「これで言いたいことが全て言えたね」

ダックス先生のまとめ

英語でもっともよく使われる言葉は「the」なのだそうです。
それだけ英語は、「この○○」とはっきりさせたい言語なのでしょう。

「the」を付けると、一般的なものを総称する言葉が、ある1つを特定する言葉になります。
たとえば、a chicken と the chicken。
前者は多くのものの中の1つ（one of）の意味ですから、「鶏一羽」「一羽のにわとり」になりますが、後者は、前後関係や話の流れで、比内地鶏や名古屋コーチンなど、どれか特定のにわとり、あるいは鶏肉を指すことになります。

具体的あるいは形が明確なものがたくさんあって、その中のなにか1つと言いたいときには、a/ an。
たとえば、物語の始めで「1人の女の子がある美しい村に住んでいました」なら、A little girl lived in a beautiful village. となり、物語の中で「その女の子」と特定化されれば、次からは、The girl...「その女の子は～」となります。これが英語のルールなのです。

→ いろいろ詳しく説明する

新しいペンケースを買った豆しばは友だちにアピールする

豆しば　**I bought a leather, black little pencil case.**

友だち　Excuse me, what pencil case is?
（えっ、どんなペンケースだって？）

豆しば　（だから今、説明したじゃん）

🐶「友だち、どんなペンケースか全然わかってなかったね」

🐱「すごく具体的に丁寧に説明したんだけどな……」

🐶「3つの箱の使い方はだいぶ上達してきているんだけど、**3**の箱の中で、きみがペンケースに付けた**説明の順番が少し違ったんだ**」

🐱「==説明するのに順番がある？== それはどういう順番なのか教えて！」

🐶「==英語を話す人たちの間では、この順番が暗黙のルールになっている==んだ」

🐱「暗黙のルールか……」

🐶「そう。英語を話す人の思考回路が、この順番で情報を理解するようになっているから、この順番で話をしないとちゃんと理解してもらえないんだよ」

🐱「なるほど。それはいったいどういうルールなの？」

🐶「基本は、==誰が見ても変わらず、具体的で、はっきりしている特徴がいちばん最後にくる==ということ。厳密には細かいルールがあるんだけど、これだけ覚えておけば大丈夫」

🐱「というと？ ペンケースの場合はどう言えばいい？」

🐶「==誰が見ても変わらずはっきりしているのは大きさや色より素材==だから、最後がペンケースの素材の"革"になればいいんだ」

🐱「素材? 見た目ではわからないような気がするんだけど……」

🐶「色や大きさは見る人の主観が入ってしまうから、見る人によって見え方や感じ方が変わってしまうことがある。でも素材は見る人によって変わるということはないよね?」

🐱「なるほど! 覚えておくね」

🐶「**3**の箱の中の言葉をルールにのっとって並べてみよう」

🐱「**大きさ、色、素材、という順番**だったよね」

🐶「そう、そのように並べていつものように英語にしてごらん」

🐱「I bought a little black leather pencil case.」

🐶「OK! これで相手を混乱させずに詳しく説明する英語になったよ」

ダックス先生のまとめ

A big red ball.
A red big ball.
日本語なら「大きくて赤いボール」でも「赤くて大きなボール」でも、どちらでも意味は伝わりますし、順番を気にする人はほとんどいないと思います。ところが英語は、飾る言葉の順番もはっきりさせるのが基本。細かいルールがあるようですが、大きく分けると次のような順番になります。

① 数量
② 主観的な意見
③ サイズ
④ 形
⑤ 色
⑥ 材料

⑥ が飾られる言葉のいちばん近くになります。このまま覚えてもいいですし、「飾る言葉でより具体的なことがいちばん近くにくる」と覚えておいてもいいと思います。

また、具体的に a little black cat や a blue Venetian glass vase などと英語で覚えておくことをお勧めします。

→ 言葉を使い分けて説明する

部長との打ち合わせが終わった後に
友だちと豆しばは

豆しば **He is very large.**
友だち What? He is short.
(え? 部長小さいじゃん)
豆しば (おいおい……。部長の背じゃなくて器量のことを言ってるんだけどな)

「部長は確かに見た目は小さいけど。"彼は器の大きな人だよね"って言いたかったんだけど…」

「説明しようとしたのに、**3**の箱に入れた英語の使い方を間違えて、誤解されてしまったね。きみの言い方では"あの人は体格が大きい"となってしまうんだ。きみは"器量の大きい人"と言いたかったんだよね」

「そう。だからラージサイズの"large"を使ってみたんだけど」

「それが間違い!」

「"large"って"大きい"っていう意味だよね?」

「でも、それはサイズのこと。**"large"は、大きいか小さいか、という事実を伝えるときに使う言葉**なんだ。ここで使うなら"big"が正解」

「"big"も大きいっていう意味だけど。どこが違うの?」

「**"big"は、感覚的に大きいと思えるときにも使える言葉。器量の大きさは"large"ではなく"big"を使って表す**んだ」

「He is a big person.」

「よし、これで部長は器量の大きな人なんだということが伝わるよ」

ダックス先生のまとめ

日本語の「大きい」と「小さい」。英語には2種類あるって知ってますか？

日本語の「大きい」を意味する「large」と「big」。日本語の「小さい」を意味する「small」と「little」。実は、使い方が異なるんです。

「large」と「small」は、定規などで現実的に測定可能な大小を表す言葉で、ある基準があって、その大小を表現する言葉です。だから、SMLと、服のサイズに使われるわけですね（国によってSMLのサイズは違いますが……）。

その一方、**「big」と「little」は、現実的には計れない、感覚的な大小を表すときにも使えます**。つまり、器量や人格などについては、「big」と「little」しか使えないんですね。
しっかり使い分けるようにしましょう。

→ 英語は最初に結論ありき

友だちから今からBBQパーティーをするから
おいでよ！と声をかけられた豆しば

豆しば **I have to clean my room and...**
友だち Umm…then will you come or not?
(それで来るの、来ないの？)
豆しば （うわ！ 友だち、イライラしてる。今から言おうと思ってたんだけど……）

🐶「きみは行くの？ 行かないの？」

🐱「先生までいじめないでよ。僕は夕方からいろいろやることあるから行けません」

🐶「だったら、**行けないって先に言えばいいじゃない**」

🐱「だって、いきなり断るのも悪いなって」

🐶「**相手の心を気づかうところは日本人のいいところなんだけど、残念なことに、英語ではこれがマイナスになってしまう**んだ。**英語ではとにかく最初に結論がほしい**。そして、最初に結論を持ってくることが親切になるんだよ」

🐱「賛成とか、肯定的な返答ならわかるんだけど、否定するようなことでも最初に言ってしまっていいの？」

🐶「YesでもNoでもどちらでも構わない。とにかく結論が先。それが英語での会話の基本的なルールなんだ」

🐱「せっかく誘われているのに、行かないって言ったら、怒ったりしないかな？」

🐶「結論を言うまでにダラダラ話しているほうが怒られるよ。理由をちゃんと言って、上手に断ればいいじゃない。では、ちょっと長いから、〝部屋の掃除をしてから買い物に行かなくてはいけないので今夜のBBQパーティーに行けません〟を3つの箱に整理して英訳してみよう」

🐱「行かないのは僕だから1は〝僕は〟、それから2は〝行かない〟。あ！ 結論が先になってる！」

僕は　　行かない
　↓　　　　↓
　1　＋　**2**

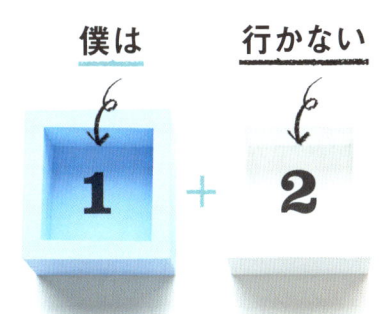

🐶「そう、それが英語。そして、残りは**3**に入る」

🐺「**3**は長いね。〝BBQパーティー〟に、〝今夜〟に、行けない理由の〝僕の部屋を掃除してから買い物に行かなくてはいけないから〟が入るんだよね」

BBQ、今夜、理由

🐶「では確認。全体の並びはどうなっているかな？」

🐺「えーと。前から順に言うと、僕は、行かない、BBQパーティーに、今夜、僕の部屋を掃除してから買い物に行かなくてはいけないから」

僕 ＋ 行かない ＋ BBQ、今夜、理由

🐶「まず、3の箱のうち、==長いものを英語に訳してしまおう==。ちょっとここでアドバイス。"〜しなければならない"は英語では"have to"と言うといいよ。そして、掃除も買い物も"僕"が"しなければならないこと"。つまり"I"と"have to"は両方にかかるものだよね。こういう場合は、後に来るものの分は省略して"and"でつなげるんだ。」

🐱「I have to clean my room and go shopping.」

🐶「OK。それが行けない理由だから、前にも説明したけど、==先頭にひとめで理由だとわかるようにbecauseをつけておこう==。そして、1と2の箱と3の残りを、これまで通り、英語に訳していくんだ」

🐱「I can't come to your BBQ party tonight because I have to clean my room and go shopping.」

🐶「バッチリ！ ==これで結論を言ってから理由を言う英語の流れになった==。相手をイライラさせない長い文章を言えるようになったね！」

ダックス先生のまとめ

英語は最初に結論を言うのが基本です。
賛成も、反対も、肯定も、否定も、**とにかく最初に「Yes」か「No」を答えるのがルール**。意思表示をしてから、その理由が続きます。「Yes」と言った後に続く話が、途中から「No」に転じることはありません。

でも、このとにかく最初に意志表示、というルールが、日本人はどうも苦手です。
最後まで聞かないと「Yes」か「No」かわからない会話に慣れていることもあって、いきなり結論を言うことに対して、どこか違和感があるんですね。自己主張が苦手な日本人にとっては、「最初に結論」は、なかなか高いハードルかもしれませんね。

でも安心してください。1、2、3の3つの箱に放り込んで日本語を英語にすることに慣れてくると、結論が最初にくる流れに違和感がなくなってきます。それはなぜかって？ **1、2、3の順番は、そのまま結論が先にくるようになっているんです**。だから、3つの箱は頭の中を整理するのにぴったりなのです。

いかがだったでしょうか？

英語を話す時にとても便利な

3つの箱のこと、

少しわかっていただけましたでしょうか？

英語はとにかく
なんでもはっきりさせたい言葉。

英語を話す時は、まず、
この**3**つの箱を使って
「誰が」「何を」「どうするのか」
頭の中を整理するようにしましょう。

すると、自然に、
英語アタマになれるので、
英語がスムーズに口から出てくるようになります。

難しい文法のことは
いったん忘れてしまいましょう。

とにかく、**3**つの箱の効果を信じてみて！
3つの箱を使って
頭の中の日本語を整理して、
どんどん英語に変換してみてください。

きっと想像以上にスムーズに
楽しく英語が話せる自分に
びっくりすることでしょう。

さあ、英語ペラペラへの
最初の一歩を
いっしょに踏み出しましょう。

英語がほとんど話せない人でも1カ月でそこそこ話せるようになる本

発行日　2014年10月8日　第1刷
発行日　2014年10月31日　第2刷

著者　　　　山西治男

デザイン	細山田光宣 ＋ 野村彩子
イラスト	河合美波
編集協力	洗川俊一
校正	中山祐子、泊久代
編集担当	柿内尚文、舘瑞恵
営業担当	熊切絵理
営業	丸山敏生、増尾友裕、石井耕平、菊池えりか、伊藤玲奈、櫻井恵子、吉村寿美子、田邊曜子、矢橋寛子、矢部愛、大村かおり、高垣真美、高垣知子、柏原由美、大原桂子、蓑浦万紀子、寺内未来子、綱脇愛
プロモーション	山田美恵、浦野稚加
編集	小林英史、黒川精一、名越加奈枝、杉浦博道
編集総務	鵜飼美南子、髙山紗耶子、森山華山、高間裕子
講演事業	齋藤和佳
マネジメント	坂下毅
発行人	高橋克佳

発行所　株式会社アスコム

〒105-0002
東京都港区愛宕1-1-11　虎ノ門八束ビル
編集部　TEL：03-5425-6627
営業部　TEL：03-5425-6626　FAX：03-5425-6770

印刷・製本　株式会社廣済堂

ⓒ Haruo Yamanishi　株式会社アスコム
Printed in Japan ISBN 978-4-7762-0839-6

本書は著作権上の保護を受けています。本書の一部あるいは全部について、株式会社アスコムから文書による許諾を得ずに、いかなる方法によっても無断で複写することは禁じられています。

落丁本、乱丁本は、お手数ですが小社営業部までお送りください。
送料小社負担によりお取り替えいたします。定価はカバーに表示しています。